Buscando a Venus

Carlos M. Pérez Santiago

ii

Libro I
Sueños del deseo

iv

Primera edición: 2014

Editado por: Nicole Cecilia Delgado
Diseño de portada: Yezmari Gonzalez Larracuente

ISBN-13: 978-0692290019

Dedicatoria

A mi familia, en especial a mis padres Victor M. Pérez
Viera y Luz A. Santiago Reyes. Madre eres mujer abnegada,
esforzada y valiente, cuya vida es un canto de exaltación al amor.

A los primeros lectores; Jennifer Jiménez, Danette
Carrasquillo, Elixandra Urbina, Ángel Crespo, Juan Ortiz y mi
hermana Maritza. Gracias por su apoyo.

A Julia de Burgos...

Agradecimientos

Gracias a Dios por haber puesto en mi camino a las siguientes personas: Jennifer Jiménez, Aida Guzmán y Nicole Cecilia Delgado. Sus recomendaciones fueron decisivas para hacer realidad Sueños del deseo.

Acerca del autor

Carlos M. Pérez Santiago reside en Aguas Buenas, Puerto Rico. Científico de vocación. En el año 2002 completó el grado de bachillerato en ciencias de la facultad de Ciencias Naturales de la Universidad de Puerto Rico en Humacao. Ese mismo año comenzó a trabajar como Químico en la industria farmacéutica. Desde el año 2012 trabaja como consultor para la industria farmacéutica.

La Musa de las letras llega con el año 2014. Alimentado por el canto de la musa resuelve escribir un libro. De ahí el nacimiento de Buscando a Venus. Carlos disfruta de compartir con su familia y amistades, visitar el Viejo San Juan, tomar café, ver películas cinematográficas y practicar deportes entre otras cosas.

Tú eres…

amor pasión.

Índice

A Julia de Burgos

Tú eres senda de amaneceres
que viaja con sandalias de brisas aladas.
Yo soy murmullo de claridades
en tus silencios, poemas y versos.

Tú eres la Venus, la Gracia, la Musa
que nació en el río.

Eres la de *Poema en veinte surcos...*
Eres la de *Canción de la verdad sencilla...*
Eres la de *El mar y tú,*
otros poemas, ensayos y la mitología de tu vida.

Yo soy la sombra de tu reflejo
en el corazón de un pueblo.
Yo soy una gota en el tintero
de tus trazos versos.

Tú eres ("A Julia de Burgos", "Yo misma fui mi ruta",
"Interrogaciones", "Ay ay ay de la grifa negra...") poesía
orgánica del cuerpo de la Musa de mis versos.
Yo soy el que camina tu ruta;
en los versos de tus pasos;
en las huellas de tus versos.

Tú eres Julia Constanza Burgos García
de Carolina.

Tú eres...
poesía y versos perdidos...
canción...
alba alada y sueños blancos...
amanecida del amor.

Tú decidiste ser Julia de ti misma
y mostraste tu claridad al mundo
como Julia de Burgos.

¡Julia de Burgos eres Julia de todos!

Busco a Venus

Camino hacia las estrellas.
Buscando *en el mar del tiempo…*

Camino entre los planetas.
Buscando la ciudad de tu destierro…

Camino hacia donde camina el tiempo…

Vida y energía

Caminaron del Olimpo tiempo medio
con disfraz de vida y energía;
siendo artistas, escritores y poetas.

Amaron sin inhibición,
tal cual estrella
en extinción.

Y sus amantes
se quemaron por el fuego
que brotaba de vida y energía;
mas vida y energía
no se conocían.

Se encontraron un día
vida y energía,
y como mirando
en espejo
vieron arte,
letras
y poemas.

... Y sus amantes
se reunieron...
y se sintieron importantes...

y sus hijos
hubieran querido ser hijos
de vida y energía.

Compartieron
vida y energía,
su fuego y ardor...

—Preguntaron
¿Tuvieron sexo?
¿Hicieron el amor?—

… de prosa y verso
fulgurante pasión.

Quiero volver a soñar

Llega la noche,
junto a su amigo frío
es un cansancio lleno de hastío.

Cierro los ojos y a Dios pido,
cuando quede dormido,
soñar *solo contigo*.

Sueño blanco

Anoche te sentí. Rozó tu energía
todo mi cuerpo; pero en preciso
punto te sentí.

Se encrespó mi corazón
al sentir tu presencia junto a mí. ¡No te vi!

Caminando camino de vino tinto
llegué a mi conciencia... ¡No te perdí!

Se asomó la cúpula de tu reflejo...
y vi el crepúsculo del tiempo
de tus besos.

Noche. Llega el sueño blanco...

Las sábanas están llenas de tu aroma...
y tu fragancia es de frutas y flores blancas
¡Se avecina una danza!

Mientras duermo me recorren tus dedos;
te enredaste en la red de mis cabellos.

Con tus labios marinados en deseo
acaricias mis labios,
besas mi pecho y cuello.
¡El caliente de tu sexo, lo siento...!

Derramas tu fuego con tus besos
encima de mi sexo.
—Y tus manos acarician mi pecho
y abdomen— ¡Ah! mmm...

Arde tu cuerpo y se prende tu sexo.
Dulce perfume
de tu ardiente sexo inunda la alcoba.
¡Me enciende tu aroma... rosas! ¡Ah! mmm...

Mi Venus sigue domando... heroico canto.
Danzando. —Sueño blanco—
Tomas tu tiempo saboreando mi canto.
¡Ah! mmm...

Viene el alba cantando,
y yo me siento llegando.
¡Venus Venus! ¡Ah! ¡Ah! ¡Ah!...

¡Despierto y no está!

La diosa y el viento

Eres la diosa del balance perfecto,
que con tus piedras
alineas todo pensamiento.

Entraste a mi mente y sin querer te pienso;
pienso en tus praderas,
pienso en tus lomas
y pienso en tu huerto.

En hacerte el amor
como lo haría el viento
pienso.

Seré viento dulce al besar tus praderas.
Seré viento dócil al acariciar tus lomas.
Seré viento recio al tomar tu huerto.

Besaré tus labios pintados de cielo.
Acariciaré tu cuerpo vestido de lluvia.
Quemaré tu boca bañada en lujuria.

Seré de amor lluvia que baña tus lomas y recorreré tus praderas,
dejaré por tus jugosas lomas tiernos aromas de exquisitas rosas;
bañaré con mi aceite tus sabrosas praderas.

En la noche bajaré como niebla
hasta tu hierba,
y con ardientes besos me posaré cual rocío.

Bajo danza secreta de estrellas caminará mi aliento en tu jardín;
besaré margaritas cubiertas en miel y las haré florecer.

Bajaré hasta tu senda serena.
Entraré en tu huerto…
Las Ninfas de labios ardientes un encanto dirán…

Seré un torbellino de fuego y encenderé un sembradío;
continuaré el recorrido hasta llegar…
gritará el terreno encendido…

… tocaremos el cielo.
Tronará el Olimpo,
caerán rayos de hielo.

En la pasión la hiel será miel
y verás florecer
un nuevo atardecer.

Veremos estrellas nacer,
y en momento sin tiempo
un volcán sempiterno.

Te amaré atravesando el desierto
aunque
sea hombre y no viento.

Quiero volver...

Quiero volver a soñar
y junto a ti despertar.

Quiero volver a amar
y como sol verte brillar.

Quiero volver a probar
el universo conspira...

¡Te voy a encontrar!

A Venus...

A Venus...
musa de flores rebeldes.
Flores que por amor,
se niegan a morir,
sin mostrar su dulce belleza.

A Venus...
fuente del fuego,
de infinitas pasiones.
Pasiones de sabor amargo,
como el sexo,
que su fuego transforma
en dulce amor.

A Venus...
dueña de sueños.
Sueños multicolor,
que plasman
un lienzo
de amor eterno.

A Venus...
pedazo de cielo.
Mi *perla perfecta*,
imperfecta diosa del amor.

Musas y flores

Entre las Musas olorosas,
y las flores de fuego
nacen pasiones;
violentas pasiones
de aroma a jazmín, gardenia y vainilla.

Pasiones que la poesía calma
cual madre acoge en calido pecho
al niño que llora de hambre.

Seducen al poeta,
danzando desnudas,
las Musas y las flores...

Escribe un poema con violenta pasión,
como estando en fiestas de Baco;
nació del suspiro
que la Musa olorosa derramó en sus labios.

El aroma a jazmín, gardenia y vainilla
de sus hondas pasiones,
revelan la verdad;
no tuvo sexo,
a través del poema,
hizo el amor en poesía.

Pintura de amor y tormenta

A orillas de una playa sin mar,
un cielo sin sol y agua sin sal.
Coloridas aguas mezclan caricias;
calor en cintura une piel y figura.

Despierta borrasca las pasiones;
levantan marejadas de emociones.

Plumosas nubes en cielo de seda,
fieles testigos de lujuriosa molienda.

Y pinceles pintan diosa sin templo,
en lienzo de piel congela el tiempo.

Diestro pincel sublime *V* traza;
tierna mirada a su pintor lanza.

Mojado lienzo es obra y puerta;
amor y pasión, excelsa tormenta.

Y le entrega al pintor
su tormenta,
su amor.

¡Se prende el cielo,
gritan las nubes,
susurra el viento!

Como vapor llega a las nubes.
Sopla y llega, lluvia de flores.

Alma desnuda

Sonríe
en la danza la Gracia brillante.
Cubre
su alma con vestido naranja.

En su rostro,
Lucero
revela su anhelo;
besar y abrasar,
y sus heridas sanar.

Anhela a escondidas,
en su vela encendida,
sus labios posar,
y de su vino tomar.

Sueña despierta
como marino en cubierta,
él toque sus montes
como a flor el rocío.

Al llegar la noche y sentir frío
eche su ancla cual dulce navío.

En isla estelar,
el calor de la espera
enciende una lumbrera.
Arde en amor y el temblor
en su estrella hincha el río.

Lo piensa…
escucha el minero explorando caverna…
observa como el río caudaloso
baña sus labios…

La Gracia pregunta:
"¿Tienes sed?
o ¿Tienes frío?"

... Ven,
toma de mi río
y mi boca
calmará tu frío.

Amargo dolor, dulce momento

La Gracia de hermosa melena,
sentada a la mesa sonríe al poeta.
Escucha poemas
que a la pasión no envenenan.

Perfumada prosa
enciende hoguera;
en la quieta danza
arden las prendas.

... Ella lo espera; él continúa:
"Alguna vez destrocé,
de las joyas,
la estrechez de sus prendas."
Palabras de prosa
que alimentan su estrella...

... ¿Tomas de mi río y tu boca
calma mi frío?

A la Gracia contesta:
"Tomo yo agua
de tus labios tibios
y en tu boca
mi elemento,
se llena de bríos."

... Piensa en el sabor
de su elemento
transcurre el momento.
Y sale corriendo
cual ráfaga de viento...

Rompe el tormento
saborea su elemento...
Piensa el volcán,
y se aleja del suelo
al soplar de los vientos.

Ansía el encuentro
del jugoso momento...
Siente el sabor,
y su estrella
hace nova en dulces aromas.

Ardiente... ¡Ah!
... Retumba el silencio.
Amargo dolor, dulce momento.

Quizás el universo conspira

Quizás, el universo conspira
y te pienso en mi desvelo.

Quizás, rompas de mi alma
el vestido
y pueda tomar tu vino.

Quizás, tomes de mi río
y mi boca calme tu frío.

Quizás, mi vela evapore tu río
y tu boca encienda un torbellino.

Quizás, sea esto amor ágape
y te tomo desde lejos.

Quizás, sea esto amor eros
y me tomas desde lejos.

Quizás, es un enorme deseo
que alimentó mi desvelo.

Quizás, anhelas recibir más
y sueñas tan solo quizás.

Quiere

Quiere minar al minero,
duro momento entero.

Quiere tener animal fiero,
la marque con vara de hierro.

Quiere domar la candela,
del candelero, la vela.

Quiere sentir su madriguera,
derretir cera en hoguera.

Quiere sus labios hirientes,
recorran partes ardientes.

Quiere como fiera herida,
sobre mesa ser sometida.

Quiere como luna paciente,
tome lo dicho indecente.

Quiere al sentirle llegar...
decirle que es el lugar.

Quiere amarle al entrar...
y darle lluvioso manjar.

Quiere poder remontarse...
de alma enajenarse.

Quiere sentir al jadear...
libertad, motín al amar.

Quiero y anhelo

El candelero pregunta:
¿Qué quiere y anhela la Gracia canela?
Quiero en tu nebulosa ser aromática estrella,
y en fulgurante danza de amor ser candela.

Anhelo *contigo bailar en todas las danzas*
y oler a ti;
oriental fragancia que se impregne en mí.

Quiero tu fuego
derrumbe mi Olimpo.

¡Gozo, gozo!

Quiero el tierno calor de tu espíritu
encienda mi llama;
en danza celeste formar volcán
de pasión, de entrega y de amor.

Quiero sentir...
tocas mi cielo.
calientas mi pecho.
quemas mi vientre.

¡Dulce sollozo!

Quiero tu gentil brisa
el manantial llene de brío;
sentir que te mojas cual río.

¡Río espumoso!

Quiero sentir del candelero
amor baña mi espíritu;
sentir de tu corazón la danza.

Quiero llegar al momento
de mezclar nuestro fuego,
eso anhelo.

¡Tierno camino, miro y sonrío!

Quiero sentir que te acercas,
te detienes y alejas;
escuchar los tambores
y sentir sus dolores.

¡Quejidos... te beso y me río!

Quiero sentir tus llamas me besan;
sentir tu flama me arropa.

¡Respiros profundos!

Quiero ser espejo
que mira hacia el cielo;
y de tu alma mostrar el reflejo.

¡Quiero de corrido la danza de fuego!

Quiero ya estando mareados
de pasión de sosiego;
sigamos el juego
hasta llevarme lejos.

Quiero verte...
como lo hago en mi mente.

Quiero sentirte…
como te sueña mi vientre.

Quiero sentir el caliente…
llegar de repente.

Quiero el ardiente festejo…
aromas de nuestro fuego.

Me quejo y me besas…
¡Ah!… ¡Ja!…

Quiero venir a tu encuentro;
quiero y anhelo ser tu Lucero.

Interrogantes de un día lluvioso

Una memoria se acaba de posar
sobre el crepúsculo de mi prosa.
—¿Memoria?
—De un día lluvioso en una sequía
de versos.

Un fuego acaba de encender
el motor de mi conciencia.
—¿Fuego?
—De un día lluvioso en un desierto
de razón.

Un deseo forma motín de anhelos
en mis ojos y manos.
—¿Deseo?
—De un día lluvioso durante la hambruna
de amor.

Una pasión desenfrenada arrastra
mis pasos al abismo de lo infinito.
—¿Pasión?
—De un día lluvioso en el delta
del río de mis besos.

¿Por qué de un día lluvioso?
Porque ella nace del agua...
de mis sueños y desvelos en un futuro pasado.

Y llega en presente sin tiempo...
                              ... en momento ausente.

Tras el éter buscando...

su fuego.
su deseo.
su pasión.

Para amar...
        sus pasos.
        su sonrisa.
        su cabello.
        sus formas.
           ... anhelos de Venus.

Sueños y desvelos recalan en el tiempo...
        ... encuentro mente y corazón.

¡Será Venus!

Será arteria de vida...
Poesía.
Página.
Lienzo.

¡Será eterna aurora...
                    aliento del poeta,
impulso vital del escritor
        y la inspiración del artista!

¡Sopla! ¡brama! ¡exhala!
¡Quien devore la calma!
¡Quien perfume el escudo!
¡Quien dé vida al murmullo!

Será poesía viva...
                    dulce caudal
sabor de los versos. Enredará con rimas
como hiedra suntuosa alborotado
rocío que lleva mi río.

Será novela viva...
                    luminosa perla
de erótica historia sin verso parco.
Y leerá un fragmento de verso: Cargando
su excitado aliento camina el viento...

Será obra viva...
                    colorida luz
de celestial Gracia. Creación del etéreo
pincel alado en lienzo de incienso.

¿Será...?

¡mitológica Afrodita!

Y también será...

Raíz de pasión. Daga de amor...
seductora loción,
blanca lujuria,
... tierna manía.
... Se fundirá en mi alma
tomándome con calma.
Llegará navegando lucero del alba.
Del éter fibra,
del Olimpo hermoso verso...

¡Lucero!

Ella misma. ¡Fiera piadosa!
¡lumbrera escandalosa!

No sabrá es mi Venus.
¡Nuestra erótica vida dirá!

¡Erótica vida! ¡Nuestra!
Padre tiempo dirá.

Viste tu llama

Si quieres ser una Venus viste tu llama.

Viste tu llama y baila desnuda.

Viste tu llama y sé toda suya.

Viste tu llama y llega profunda.

Viste tu llama y deja que fluya.

Viste tu llama y suelta el calor.

Viste tu llama y quema su olor.

Viste tu llama y libera el alma.

Deja la llama volar...
retozar...
gozar...
amar...
tomar...
     tu deseo carnal.

—Somos igual.

Ay ay ay, ¡Ah! ¡Ch!

¡Ay! se queman mis formas,
ahora, que visto mi llama.

Pero mi flama lleva un color singular,
que procede de una fuente peculiar.

¡Tú la alimentas!
Ay ay ay, ¡Ah! ¡Ch!
que se enciende de pensarlo.

Ay ay ay, ¡Ah! ¡Ch!
que arde de mirarlo.

Ay ay ay, ¡Ah! ¡Ch!
que suda de escucharlo.

Ay ay ay, ¡Ah! ¡Ch!
que se hincha de olfatearlo.

Ay ay ay, ¡Ah! ¡Ch!
que llora la Ninfa al desearlo.

Ay ay ay, ¡Ah! ¡Ch!
que me mata el no tocarlo.

Ay ay ay, ¡Ah! mmm… ¡Ah!
que sin tenerlo vengo ya.

¿Será su Venus la dichosa,
que disfrute de su prosa?

Bella danza sudorosa...
                    Hacia arriba
o hacia abajo...
                    De frente
o de costado...
                    Incluso
cabalgando...

Es esto solo un poco,
de lo que tengo pensado.

Sea su Venus
blanca, negra o trigueña.
¡Ruego a Dios sea puertorriqueña!

3 minutos

Me piensa a escondidas...
a simple vista,
desnuda y bañada en deseo,
sumerge sus anhelos.

Toca el cielo...
muerde mis labios,
se pierde en mis rizos,
y acaricia la llovizna.

Caricias y caricias...
vienen delicias,
en tres minutos,
llueven sonrisas.

Aroma

Tras la nube del sueño blanco
se acerca a mi conciencia
el aroma de tu llegar.

Tu llegar es amor negro,
florecer de blanca noche.

Aroma subliminal
hace eterna tu presencia
en el corazón de la razón.

Retumba el eco del arribo
en la arteria de mi amor.

Inolvidable fragancia es tormenta,
que estremece las columnas,
de tu templo de pasión.

Inflamas mi prosa en fragrante senda
y arden las raíces con su dulce palpitar.

Del frío nace un río
cuando en mí comienzas a danzar.

Desbordada está mi mente
en el aroma de tu senda.

Aromas vivos bailan juntos
al ritmo
de mi laborioso corazón.

Trémula senda exhalando flores flamas
y de frutas un gemir ¡Me amas!

Se van volando por mis venas
hasta clavarse en mi conciencia
tus tres notas de existencia.

La primera nota es pasión;
cubierta en hojas de violetas
balada de pomelo y fresas.

La segunda nota es corazón;
resguardado por jazmín,
violeta y gardenias que se entregan por amor.

La tercera nota es blanca alma;
maderas blancas le ampara; por almizcle
bien fijadas al sabor de tu vainilla.

Es tu aroma sublime cóctel
donde mi semilla quiere florecer.

Buscando a Venus

Canto I

Nacimiento de Venus

Predispuesto por lo eterno.
La semilla del firmamento
fue sembrada en la espuma del mar.

La concha es vientre navío.
Diosa sirena. Tibia perla.

Fruto del mar y tormenta celestial.
Naciste. Bella. Serena.

Manifiesto de belleza
pura y absoluta.

Sublime *V* reverberan las olas.
Cantan las Ninfas ¡Viene Venus!

Viento fructificador
guía tu navío hasta mi costa.

Tu piel desnuda
resplandece como perla.

Gentil brisa levanta tus cabellos
erizando tu pecho y sexo.

Seduce tu mirada
a los rayos del sol
y se hacen sombra a tus pies.

El mar confundido
bajo tus pies hace espuma.

Flora lanza rosas
celebrando el aroma de tu llegar. Perfumada playa.

Las Horas te visten...
Las estaciones visten la espera...

Obra puerta; *amor pasión*; ¡Nuestro encuentro!

www.ingramcontent.com/pod-product-compliance
Lightning Source LLC
Chambersburg PA
CBHW031335040426
42443CB00005B/361